MA BIOGRAPHIE

MA BIOGRAPHIE

Je suis né à Caen, le 6 août 1815. Mon berceau ne fut point fêté comme tant d'autres ; ma mère était une de ces pauvres ouvrières qui vivent de leur aiguille et qui pour manger du pain prolongent souvent leur journée bien avant dans la nuit. Les caresses de ma mère furent les seules que je reçus à mon entrée dans la vie. A deux ans, ma mère me plaça dans la pension des demoiselles de Sainte-Claire, qui me donnèrent les premières notions de lecture et d'écriture ; j'y restai jusqu'à l'âge de six ans ; deux ans auparavant, à quatre ans à peine, j'avais remporté le premier prix de lecture, et je me souviens que ce jour-là ma pauvre mère fut bien heureuse.

En sortant des demoiselles Sainte-Claire, j'entrai dans la pension de M. Eudes, où je passai deux années seulement, le temps d'apprendre un peu ma grammaire et d'écrire ma langue d'une manière convenable. Je devais achever moi-même mon éducation primaire dans les quelques heures de loisir que me laisserait chaque jour mon apprentissage. Car ma mère, en me plaçant chez un maître sculpteur de la ville pour quatre années, lui avait posé comme conditions qu'il me donnerait le temps nécessaire pour suivre le catéchisme et préparer mes communions.

Je vous laisse à deviner les sacrifices que s'imposait ma mère pour subvenir aux mille petits besoins de mon jeune âge. Elle seule devait suffire à l'entretien de la maison, elle seule devait gagner le pain que nous mangions tous deux ; aussi me laissait-elle souvent sa part, en me disant, de peur de m'affliger, qu'elle avait mangé avant que j'arrive. Je me souviens qu'un jour il lui prit une telle faiblesse qu'elle tomba. Un voisin courut, sur ma prière, chercher le médecin, et celui-ci constata qu'elle était tombée d'inanition. Cette révélation me foudroya. Je sautai au cou de ma mère en pleurant, je lui demandai pardon de l'insouciance avec laquelle je mangeais le pain qu'elle avait gagné et je lui déclarai qu'à l'avenir je ne mangerais pas sans elle ; que si le pain venait à manquer, nous nous priverions tous deux.

Le pain ne manqua pas, Dieu merci, à la maison. J'avais douze ans, mes communions étaient finies et mon apprentissage avec elles. J'allais donc travailler pour mon compte et devenir ouvrier, à l'âge où les enfants entrent dans l'adolescence et commencent, les uns leur apprentissage, les autres leurs humanités.

Malheureusement la sculpture n'allait pas. Mon patron s'était vu contraint d'abandonner son atelier, faute de travail. Il me donna cependant le meilleur des certificats pour me présenter chez les autres sculpteurs du pays. Tous étaient dans le même cas ; tous se plaignaient de l'ingratitude de leur métier, en sorte que je ne pus trouver dans aucun atelier le travail que je sollicitais, et dont j'avais si grand besoin. Toutefois je ne me décourageai pas ; j'allai trouver un jour la bonne madame Éloi, chez laquelle, du vivant de son mari, j'avais souvent porté de l'ouvrage. Elle était veuve depuis quelque temps et continuait la menuiserie.

— Avez-vous assez de confiance en moi, lui dis-je d'un air suppliant, pour me donner du travail et me fournir les outils nécessaires ? Vous m'en retiendrez le prix sur mes premiers travaux.

Madame Éloi, qui m'avait donné tant de fois, durant mon apprentissage, des témoignages de la plus vive sympathie eut pitié de la situation difficile où je me trouvais. Elle me procura la sculpture de trois armoires, car c'est là toute la sculpture du pays. En trois semaines, j'avais fini son travail et lui avais remboursé ses avances.

Huit jours après, — ce fut mon premier orgueil d'ouvrier — elle me fit appeler pour m'annoncer cette bonne nouvelle que sur une cinquantaine d'armoires qu'elle possédait en magasin, mes trois armoires venaient d'être choisies entre toutes par des acheteurs qui lui en avaient commandé de semblables. Immédiatement je passai un traité avec elle, aux termes duquel je m'engageais à ne travailler que pour elle; de son côté, elle me garantissait du travail toute l'année.

Vous jugez de mon bonheur. J'étais indépendant, je travaillais chez moi; à douze ans je pouvais satisfaire aux frais de la maison, je pouvais apporter un luxe relatif là où nous avions mangé si longtemps du pain noir. Je chantais en travaillant toute la journée, sous le regard heureux de ma pauvre mère, et le dimanche nous allions ensemble, moi lui donnant le bras, chercher à la campagne le repos d'une semaine de travail.

Nous vécûmes ainsi l'un par l'autre, jusqu'au jour où un baryton du théâtre, ancien professeur de Duprez, m'arracha des mains le ciseau du sculpteur pour me lancer dans la carrière artistique.

Ce baryton habitait une maison contiguë à la nôtre; il m'entendait chanter du matin au soir et avait remarqué la sonorité du timbre de ma voix.

Il vint un jour à la maison, s'offrit pour me donner gratuitement des leçons de musique et de chant et me fit voir l'avenir sous des couleurs si riantes que je me laissai tenter.

Pendant près de deux ans, il me donna avec un dévouement sans bornes les leçons qu'il m'avait offertes et me fit entrer au théâtre.

Je n'avais pas encore vingt ans. J'avais l'esprit plein des illusions de la jeunesse et je me figurais que la fortune, qui jusque-là m'avait si peu gâté, finirait par me sourire. J'étais d'autant plus satisfait de ma nouvelle position que j'y voyais un moyen de développer mon intelligence et d'acquérir dans un monde nouveau de nouvelles aptitudes.

Je ne savais pas alors — j'étais trop jeune pour comprendre — de quel discrédit sont frappés, dans l'opinion publique, les hommes qui touchent au théâtre. Je m'en serais douté que jamais je n'aurais mis le pied sur une scène; je me serais épargné bien des chagrins à moi et à ma famille; je ne me serais pas entendu jeter à la tête ma qualité d'artiste, vingt-cinq ans après avoir abandonné le théâtre, et je ne travaillerais pas encore jour et nuit pour réparer les pertes désastreuses que j'y ai essuyées.

Je fis donc du théâtre à partir de cette époque, et comme j'avais obtenu un engagement dans la même ville que mon professeur, je continuai avec lui mes études de chant et je remplis par la suite, dans les principales villes de France, l'emploi de ténor léger. A 22 ans, j'eus un fils. J'étais, en 1842, à Reims, engagé comme ténor d'opéra-comique. A la fin de la campagne, mon directeur ayant abandonné la direction du théâtre, plusieurs personnes de la ville qui m'avaient vu à l'œuvre et qui me tenaient en haute estime firent une démarche auprès de moi pour me décider à prendre la suite du théâtre. J'acceptai. Mon succès à la direction fut très-grand et chacun me félicitait de mes aptitudes administratives. Il semblait que je ne devais jamais quitter cette localité, tant la sympathie qu'on m'y témoignait était grande.

En 1847, je dirigeais le théâtre d'Amiens. La politique inquiétait les esprits; Louis-Philippe tremblait sur son trône et l'on aurait pu, en prêtant l'oreille au bruit des événements qui se succédaient, entendre déjà le grondement sourd de la Révolution.

Les banquets réformistes mirent le comble à l'agitation en Picardie. Quarante-huit arriva, qui paralysa les affaires. Je quittai Amiens pour rentrer à Paris.

J'habitais au Gros-Caillou avec ma mère, qui avait épousé, en 1833, le plus généreux et le plus loyal des hommes.

C'est là que me surprirent les journées de juin. Encadré dans les bataillons de la garde nationale, j'allai combattre l'insurrection, à côté de tant de braves gens qui mettaient dans l'ordre et la paix le salut de Paris et de la France. Mon bataillon avait été chargé d'enlever la barricade Saint-Michel. Il s'acquitta de cette tâche avec un courage irrésistible. Ce fut sous une grêle de balles et de mitraille que les insurgés nous envoyaient de l'hospice, de l'établissement des Deux-Pierrots et de la barricade même, que cette barricade fut enlevée.

Mais quel ravage dans nos rangs! Quarante des nôtres étaient restés sur le terrain.

J'avais auprès de moi un garde national que je ne connaissais pas, à qui j'étais également étranger. L'un l'autre nous nous étions soutenus dans le combat. La bataille finie, nous nous serrâmes la main, et lui m'invita à venir le voir.

Cet homme était M. Pascal, avocat à la Cour d'appel et administrateur du bureau de bienfaisance.

Je lui fis visite ; il me demanda quelles étaient mes occupations et me proposa d'entrer dans un bureau de bienfaisance qu'il allait former. J'acceptai.

Le gouvernement, à l'instigation de Lamartine, venait de voter un secours de 3 millions, qui devaient être répartis entre les bureaux de Paris. M. Pascal me présenta, sur mon acceptation, à M. Roger, avocat à la Cour de cassation, maire du Xe arrondissement, qui me confirma ma nomination.

C'était un service tout nouveau pour moi et qui allait me permettre de sonder la misère du peuple et d'étudier de près un problème social dont je n'avais pas la moindre idée. Le Xe arrondissement était habité par des artistes de toutes sortes qui auraient préféré mourir plutôt que de se plaindre. C'étaient ce qu'on appelle des pauvres honteux. J'étais chargé par le bureau d'aller porter les secours à domicile. Quelle tâche délicate, quand on a affaires à de pareilles gens ! La plupart me cachaient leur situation ; ce n'est qu'à force d'adresse et de franchise que je parvenais à m'en rendre compte. Que de misères vraies sous des apparences dorées !

J'avais rendu de si réels services au bureau de mon arrondissement que j'en étais devenu pour ainsi dire le factotum et le chargé d'affaires. On congédia les 23 employés auxiliaires qu'on s'était adjoints et je restai seul à la fin chargé de la distribution des secours. Mes appointements n'avaient point augmenté pour cela. Je gagnais trois francs par jour et j'étais marié et à la veille d'être père de famille : car j'avais épousé, un an auparavant, une jeune fille de seize ans et demi, qui avait bien voulu devenir ma compagne et mon conseil.

Distribuer des secours aux autres et en avoir soi-même si grand besoin ! Je souffrais beaucoup, mais je n'osais me plaindre, encore moins rien demander.

Un jour, les administrateurs du bureau me dirent : Monsieur Lefebvre, nous avons conscience de vous faire travailler pour si peu, mais vous le savez, nos ressources ne sont pas grandes. Pourquoi n'accepteriez-vous pas quelque secours ? Il y en a certainement à qui vous en portez, qui n'en ont pas si grand besoin que vous.

Je m'inclinai respectueusement, mais je refusai.

J'avais une bibliothèque de musique d'une valeur de 40,000 fr. Chaque fois que j'étais gêné d'argent, j'en vendais un morceau, si bien qu'un jour elle se trouva entièrement dégarnie. J'en avais tiré 1,800 francs. Un jour pourtant, les administrateurs me forcèrent à accepter non pas un secours, mais un don.

Je venais d'être père de deux petites jumelles. Ces Messieurs eurent la délicatesse d'envoyer à Madame Lefebvre cinquante bouteilles de vin vieux tiré de leur cave, en oubliant d'en indiquer la provenance.

C'est une petite indiscrétion qui me la fit découvrir. Cet acte en lui-même n'a l'air de rien, c'est pourtant beaucoup si l'on songe que j'étais simple employé. Il est vrai que ces Messieurs ne m'appelaient que leur cher collaborateur.

A quelque temps de là, le secrétaire du bureau de bienfaisance était venu à mourir ; les administrateurs, voulant me donner une nouvelle preuve de leur amitié, firent toutes les démarches nécessaires pour m'obtenir ce poste. Il était de 1,800 fr.

Mais l'administration de l'assistance publique relève de la préfecture de la Seine et — chose admirable qu'il est bon de souligner ici — les fonctions vacantes appartiennent dans cette administration aux plus âgés. Les protections ne peuvent donc rien contre les droits de l'âge.

J'étais un des plus jeunes employés des bureaux, en sorte qu'il m'aurait fallu peut-être dix ans pour arriver au poste de secrétaire.

Je n'en fus pas moins reconnaissant envers les administrateurs qui n'avaient pas craint d'essuyer un refus pour faire valoir mes aptitudes administratives. Il est probable que je n'aurais jamais quitté le bureau de bienfaisance, où j'avais acquis l'estime de mes chefs, si je n'avais été pressé par les exigences et les nécessités de la vie de famille.

Au commencement de 1851, différentes personnes de Reims vinrent me demander de reprendre la direction du théâtre de cette ville. J'avais laissé de si bons souvenirs dans cette ville et les offres qui m'étaient faites étaient si avantageuses que je me décidai — non sans éprouver un serrement de cœur — à quitter l'assistance publique.

J'allai trouver M. Pascal pour lui faire part de ma détermination.

Cet honorable administrateur essaya de me retenir et de me convaincre que j'avais tort de tenter de nouveau la fortune au théâtre. Ses collègues se joignaient à lui pour me faire revenir sur ma décision. — Vous êtes si bien avec nous, me disaient-ils ; vous avez la tranquillité, la considération ; pourquoi nous quittez-vous? Qui sait ce que vous réserve l'avenir ?

En me disant cela, je vis qu'ils avaient tous les larmes aux yeux. Je leur répondis que les charges de ma famille me faisaient une obligation d'accepter les offres de la ville de Reims.

Nous nous quittâmes donc pour ne plus nous revoir. Les événements politiques et le vent des affaires allaient m'emporter bien loin d'eux et leur donner mille fois raison. Mais nous avons tous une destinée, un rôle à jouer dans le monde. Ma vie ne fut qu'agitations et qu'une longue suite d'épreuves.

Si j'ai quelque expérience, Dieu me l'a bien fait payer.

Me voilà donc revenu à Reims. Je ne tardai pas à m'apercevoir que la situation n'avait pas sensiblement changé. Le théâtre était peu suivi. J'avais beau renouveler tous les jours l'affiche, le monde ne venait pas.

J'en étais pour mes frais d'imagination, et je mangeais de l'argent.

Les esprits étaient ailleurs ; il y avait trop d'orage dans le ciel pour penser à se distraire au théâtre. Je luttai quand même contre l'indifférence du public. Un jour, — c'était un dimanche — j'avais organisé une grande représentation avec tombola. J'avais acheté pour 300 francs de lots ; comme vous le voyez, je ne me moquais pas du public , mais le public se moqua ou du moins ne vint pas.

Je fis 75 francs de recette. Les spectateurs avaient conscience de me voir tirer la tombola entre si peu de monde, et criaient : Monsieur Lefebvre, ne tirez pas ! ne tirez pas !

Je voulus exécuter mon programme jusqu'au bout et la tombola fut tirée.

La situation n'était plus tenable.

Le lundi , jallai trouver la municipalité, ma comptabilité sous le bras.

Je lui exposai nettement, franchement ma position , et je lui demandai de me venir en aide. Car jamais je n'avais obtenu de la ville la moindre subvention.

La municipalité me fit observer qu'elle n'était que provisoire — le coup d'État du deux décembre ayant emporté l'ancienne — que dès lors elle ne pouvait prendre sur elle de disposer des fonds de la ville. Je lui déclarai que j'allais réunir mes artistes pour leur faire savoir que j'allais fermer le théâtre ; je ne pouvais rester plus longtemps dans une impasse aussi difficile.

Le lendemain, en effet, je réunis mes artistes et leur fis l'exposé de la situation. Je les informai qu'aux termes de mon traité , le cas de force majeure, résultant de guerre ou d'émeute populaire , me donnait le droit de résilier les engagements.

La position n'était plus tenable ; cependant comme elle pouvait être de courte durée, je leur demandai d'user d'un autre article, qui me permettait de choisir entre l'annulation de mon traité ou la réunion des artistes en société.

Ils refusèrent de se réunir en participation. Je leur déclarai alors que, me trouvant à la fin d'un mois sur lequel je leur avais payé des à-comptes pour une somme de 8,500 fr. sur 10,000 fr. ; que ne restant leur devoir que 1,500 fr., je ne voulais pas augmenter ma dette ; que, vu leur refus bien arrêté de se réunir en société, je prenais la résolution d'annuler leurs engagements et de fermer le théâtre ; que, pour les 1,500 fr. restant dus , je ne pouvais les leur remettre immédiatement, mais que je leur offrais un règlement à deux mois pour m'acquitter envers eux. Cela dit, je quittai la réunion.

Le lendemain, je portai chez mon huissier les billets payables à deux mois, que j'avais faits à tous mes artistes au prorata de leur créance, et je partis pour Paris.

En apprenant que j'avais fermé le théâtre, l'administration municipale, qui n'avait pas cru à une résolution si subite et qui m'avait refusé un subside pour payer le mois échu, se réunit d'urgence et vota une subvention de 12,000 fr., qu'elle offrit à mon ténor pour diriger la société.

Notez que ceci se passait trois mois avant la fin de la campagne.

Le ténor, avec ses 12,000 fr. de subvention, ne fut pas plus heureux que moi et ne put tenir ses engagements : preuve nouvelle et bien convaincante des difficultés insurmontables de la situation.

J'étais à Paris depuis un mois à peine, quand je reçus une lettre de mon huissier, m'invitant à arriver en toute hâte à Reims avec ma comptabilité et la liste de tous mes créanciers, car, la veille, deux artistes qui n'avaient pas voulu recevoir les obligations que je leur avais signées, avaient obtenu ma mise en faillite.

Ce fut pour moi un coup de foudre. Une faillite ! Que pouvait bien vouloir dire ce mot terrible. Je n'en comprenais pas bien le sens, et quand je me le fis expliquer par un agent d'affaires, je mesurai l'abîme immense que j'avais creusé sous mes pieds.

Je me rendis à Reims, je déposai ma comptabilité chez le syndic choisi par les artistes qui me poursuivaient, et, — pour me témoigner leurs doléances du malheur immérité qui venait de me frapper — les autorités judiciaires me laissèrent circuler en toute liberté dans la ville.

L'affaire vint au tribunal de commerce. Les artistes avaient eu l'effronterie de me poursuivre en paiement des sommes collectives qu'en temps ordinaire je leur aurais dues à titre de dédit.

Le Tribunal les admonesta sévèrement sur ce point et les débouta de leur demande, tout en confirmant ma mise en faillite.

J'obtins cependant un concordat à l'unanimité de tous mes créanciers, car les deux artistes qui avaient provoqué ma mise en faillite ne produisirent même pas, tellement ils avaient été honnis dans l'opinion publique.

Je me trouvais donc à la tête de 30,000 fr. de dettes, qui, en quatorze ans, avec les intérêts des intérêts, allaient doubler.

Quelle ruine pour une famille, quand on a à cœur de payer jusqu'au dernier sou ! et combien sont coupables les hommes qui, en bouleversant à leur profit l'ordre gouvernemental, exposent à des faillites certaines, inévitables, les commerçants de toute branche et de toute condition !

J'ai dit que, depuis 1852, le passif de ma faillite s'était élevé à 60,000 fr.

Depuis cette époque, j'ai jeté au gouffre, pour le combler, toutes mes économies, les épargnes de vingt ans de travail, le produit de deux héritages qui étaient échus à Mme Lefebvre, car c'est son honneur comme le mien, c'est l'honneur de mon nom, qu'il s'agit de réhabiliter avant tout. Chaque année je diminue ma dette, et si Dieu me prête vie, j'espère bien qu'à force de travail et de persévérance, je l'aurai bientôt amortie. J'en ai déjà payé les trois quarts et demi, au milieu des épreuves douloureuses que j'ai traversées.

Voilà ce que le coup d'État du 2 Décembre m'a valu. Combien de fortunes, à cette époque, ont été obérées, anéanties ! et ce qui est pis encore, combien d'honneurs ont été perdus !

Cependant Dieu ne m'avait point abandonné. Il est toujours de nobles cœurs à qui le malheur des autres devient sympathique. M. Porion, maire d'Amiens, qui avait pu m'apprécier pendant ma gestion dans cette localité, me recommanda à une grande compagnie financière qui venait de se fonder à Paris pour créer l'Assurance-Banque.

L'Assurance-Banque consistait à établir dans chaque centre important une maison de banque dont elle garantissait par l'assurance les capitaux engagés.

J'étais entré depuis quelques mois seulement dans cette Compagnie, lorsque le Directeur, frappé de mes aptitudes et de mon intelligence des affaires, me confia l'organisation des banques en province, sur les places d'Évreux, Coutances, Pont-Audemer,

Arras, Nevers, Gray, Luxeuil, Annonay, Uzès, Tonnerre, Troyes, Sens, etc...

Mon succès comme organisateur fut tel, que, recommandé aux receveurs généraux et particuliers dans ces diverses localités, deux d'entre eux me prièrent d'accepter, pour diriger les maisons de banques de leur localité, leurs fondés de pouvoirs respectifs. Chacun me félicitait sur mes connaissances financières.

Dieu sait quel travail elles m'avaient coûtées et ce que j'avais passé de nuits blanches pour arriver à me faire remarquer dans une position si différente de celle que j'occupais auparavant !

J'allais donc recueillir la récompense due à mes services, lorsque mon Directeur, homme d'une intelligence hors ligne, se grisa de ses succès.

Des jeux de bourse considérables s'engagèrent. Une catastrophe s'en suivit, et en 1859, je me retrouvai comme devant sans position.

C'est alors que j'entrai comme Inspecteur général à la Caisse Générale des Familles, Compagnie d'Assurances sur la Vie. Cette carrière nouvelle m'était inconnue. Je me mis résolûment au travail et bientôt, grâce à l'expérience que j'avais acquise dans l'Assurance-Banque, je pus rendre à la Compagnie des services sérieux.

Le Directeur de cette Compagnie, l'honorable M. Gravois, me portait une si haute estime qu'à chacun de mes voyages à Paris il me recevait à sa table.

Au bout de trois ans, je fis un travail considérable pour vulgariser davantage les assurances sur la vie, lesquelles, grâce à mon système, devaient rembourser la généralité des dépenses de publicité faites en France en contrats d'assurances sur la vie. Cette innovation assurait au commerçant, à l'industriel, la restitution des sommes qu'ils avaient déboursées pour donner de l'extension à leur commerce et à leur industrie.

Si l'on songe que la publicité annuelle faite en France s'élève à 40 millions, au moins, on verra que j'enrichissais chaque année la fortune publique de 40 millions.

Ce système parut tellement pratique et utile aux intérêts du commerce et des assurances à la fois, que la Compagnie d'Assurances générales dirigée par M. de Gourcuf, *la Paternelle*, dirigée par M. Cloquemin, *le Phénix*, dirigé par MM. Joliat frères, m'accordèrent pour cinq ans le privilége, si je voulais fonder ce genre d'assurances.

Mon système fonctionnerait aujourd'hui, si l'homme qui devait me fournir les capitaux nécessaires n'était décédé dans l'intervalle. Il est donc encore aussi neuf qu'à cette époque, puisqu'il n'a jamais été appliqué.

Cependant j'avais dû quitter la Caisse générale des Familles pour donner suite à ce projet.

En 1864, sur la recommandation de M. le comte de Béarn, qui avait eu l'occasion d'apprécier mes aptitudes en assurances, j'entrai à la Compagnie des Nu-Propriétaires.

M. le comte de Béarn était lui-même administrateur de cette compagnie.

C'est de cette année que date, non pas ma conversion, mais mon retour à Dieu.

J'étais en tournée d'inspection à Bordeaux. Depuis longtemps, je me reprochais intérieurement mon indifférence en matière religieuse.

J'avais senti tant de fois s'appesantir la main de Dieu sur ma tête; il m'avait tellement éprouvé avant de m'ouvrir ma voie, que lorsque je la trouvai, il s'éleva de mon âme vers lui une de ces prières muettes qui en disent plus que les paroles.

Un de mes amis m'avait envoyé comme cadeau l'*Imitation de Jésus-Christ*. Je l'ouvris et j'y lus que le bonheur nous vient du ciel. Je songeai à mon enfance, à ma mère, à ma communion, et machinalement, poussé par une force invincible dont je ne me rendais pas bien compte, j'entrai un jour dans une église.

Je m'agenouillai dans la poussière, je priai, puis je sortis, me promettant de revenir le lendemain. Le lendemain, je fis un pas de plus. Le confessionnal avait frappé mes yeux; j'éprouvai comme un besoin de m'épancher dans le sein d'un prêtre. J'en avais tant sur le cœur ! Cela devait être si doux de dire à un homme dont les mains sont levées pour vous bénir : « Voilà ma vie, avec ses misères et ses faiblesses ; je viens déposer à vos pieds mon fardeau ! »

Le cœur disait oui, le respect humain disait non. Le cœur l'emporta. J'allai résolûment à la sacristie et je demandai à parler au curé de l'église. Il était absent ; c'était un vicaire qui le remplaçait.

J'avoue que je me sentis humilié à la pensée de m'agenouiller, moi ! homme de quarante-huit ans, devant un jeune homme qui pouvait en avoir trente.

J'acceptai néanmoins cette humiliation comme me venant de Dieu, et je demandai au jeune vicaire à me confesser.

Non, jamais on ne saura le soulagement, le bien-être que je ressentis lorsque je commençai à lui raconter ma vie.

Chaque faute avouée, chaque défaillance accusée m'enlevait sur le cœur un poids immense. Enfin, j'avais trouvé une âme à qui je pouvais me livrer tout entier.

Je pleurais comme un enfant en me rappelant mes tribulations, mes combats et mes chutes.

J'oubliai que je parlais à un homme ; il est vrai que cet homme semblait avoir quitté l'enveloppe humaine ; il pleurait avec moi, sondait avec moi le puits de ma conscience, jetant sur les blessures de mon amour-propre le baume divin de ses consolations. J'achevai ma confession au milieu des sanglots.

Et maintenant, qu'on vienne me dire A quoi sert le confessionnal ? Je répondrai dans toute la sincérité de mon âme : A vous respecter, à vous surveiller, à vous retenir quand vous êtes tenté de mal faire.

Permis aux païens de critiquer la confession, de la désapprouver, de s'en moquer ; elle sera toujours en honneur auprès des hommes qui, comme moi, ont recouvré par elle la pureté de leur jeunesse, et qui lui doivent sur leur déclin la meilleure partie de leur sérénité.

En 1865, M. Vaunois, directeur de la compagnie des Nu-Propriétaires, vint à mourir, laissant un actif des plus florissants et un portefeuille de premier ordre.

Les actionnaires, éblouis par cette admirable situation, liquidèrent la société et vendirent à la Compagnie *l'Urbaine,* qui avait alors l'intention de créer l'assurance sur la vie, leur portefeuille et les deux immeubles que la Compagnie possédait sur la place de Paris.

C'est à la suite de cette acquisition que *l'Urbaine* se trouva à la tête d'une Compagnie sur la vie. On m'y fit des propositions qui ne me convinrent pas et j'entrai à la Compagnie *le Monde,* chargé de l'inspection sur la place du Havre.

J'avais depuis longtemps déjà dans mes cartons un projet qui m'avait coûté beaucoup d'études et qui consistait à décentraliser les assurances. Je soumis ce projet à différentes personnes du Havre dont j'avais réussi à gagner l'estime et l'amitié; il fut trouvé si pratique qu'il fut immédiatement mis à exécution. Il me fallait une centaine de mille francs pour le lancer dans le public; dix-sept personnes me souscrivirent ce capital, et six mois après, en septembre 1866, *l'Alliance des Départements* était organisée.

L'enthousiasme le plus magnifique avait conduit et terminé cette affaire. Aussi dans une allocution chaleureuse adressée à l'assemblée générale des actionnaires de cette Compagnie, les fondateurs déclarèrent-ils que j'avais rempli mon mandat à leur entière satisfaction. Le quitus le plus large me fut accordé. On reconnut que la commission de 100,000 fr. qui m'avait été consentie pour le travail de l'organisation, m'était légitimement due et le conseil d'administration me délivra le lendemain même de la réunion générale un mandat de 100,000 fr. pour toucher ma commission chez le banquier de la Compagnie.

Le succès que j'avais rencontré au Havre m'avait donné du courage et l'assurance que l'idée dont l'alliance des départements était le premier type répondait à un véritable besoin.

Je rentrai dans le silence de la retraite. Pendant cinq ans, je m'occupai à perfectionner mon système d'assurances gratuites par *l'Escompte-Assurance,* et en 1871 j'arrivai à Nantes pour fonder la Compagnie *l'Ouest,* sur les bases nouvelles de la décentralisation, Compagnie d'Assurances contre l'Incendie et sur la Vie, impliquant jusqu'à la gratuité de l'assurance. L'accueil le plus favorable fut fait à mon programme, et le clergé, qui n'est jamais en retard qnand il s'agit de bonnes œuvres, souscrivit en tête de la liste des actionnaires.

On sait le reste. Après quatre ans d'un laborieux enfantement, la Compagnie de l'*Ouest*, branche Incendie, fut fondée et j'espère que la branche Vie ne tardera pas à fonctionner.

Puissent se réaliser bientôt, dans une éclatante manifestation , les vœux que je forme pour la prospérité de cette Compagnie, qui restera, malgré tout, mon œuvre la plus chère.

Je suis plus que jamais convaincu que l'expérience donnera raison à mon système de décentralisation.

Je connais mieux que personne tous les obstacles qui s'opposent, en Europe et en France surtout, à l'extinction du paupérisme. Beaucoup traiteront d'utopie mes idées d'assurance gratuite. Quant à moi, je n'admets comme utopie que les choses irréalisables, et je persiste à affirmer que l'Escompte-Assurance est une chose pratique.

Depuis que je m'occupe des questions d'assurances, et il y a vingt-cinq ans tout à l'heure que je suis du métier, je n'ai jamais cessé de poursuivre cette idée de souveraine justice et de souveraine humanité qui consiste à faire bénéficier la classe ouvrière de l'assurance contre l'incendie et sur la vie.

C'est par le commerce et l'industrie que doit se résoudre le problème de la décentralisation, qui depuis vingt ans préoccupe si fort les esprits.

Paris est trop intelligent, trop puissant, pour s'en ombrager, et ma conviction la plus profonde est que le juste équilibre des ressources de la France repose dans l'application du principe de décentralisation bien étudié et bien compris.

J. LEFEBVRE.

20 mars 1876.

Nantes. — Imp. Vincent Forest et Émile Grimaud, place du Commerce, 4.